AF314750

TRAITÉ

DES

ARMES DÉFENSIVES.

Par M. JOLY DE MAIZEROI, *Lieutenant-Colonel d'Infanterie.*

Sic volvenda ætas commutat tempora rerum,
Quod fuit in pretio, fit nullo denique honore.

Lucrece liv. 4.

'A NANCY,

Chez J.B. HIACINTHE LECLERC, Imprimeur-
Libraire.

Et se trouve à Paris,

Chez J. MERLIN, Libraire rue de la Harpe.

M. D CC. LXVII.

A
MONSEIGNEUR
LE MARÉCHAL
DUC D'ÉTRÉE,
MINISTRE D'E'TAT,

GOUVERNEUR DES TROIS ÉVÉCHÉS.

MONSEIGNEUR,

SI l'on doit trouver dans ce petit Traité quelque chose d'utile, je ne puis le mettre sous les yeux d'un juge plus éclairé, ni lui donner une meilleure protection. En vous le dédiant, je n'entreprendrai point de faire votre éloge ; ma plume seroit trop foible, & votre réputation est au-dessus des louanges, qui n'y peu-

EPITRE.

vent rien ajoûter. J'ai été témoin, lorsque vous passâtes à Metz, au retour de votre derniere campagne, de l'empressement de tous les ordres à vous offrir leurs respects & leurs hommages. Ces honneurs étoient dûs à votre place & à votre rang; mais les cœurs étoient entraînés par l'amour & la reconnoissance. Ces sentimens, Monseigneur, se transmettront à notre postérité: elle apprendra qu'on vous a loué; mais elle saura qu'on a rien dit que de vrai, que la flaterie n'y a eu aucune part. L'histoire, moins suspecte que les éloges des contemporains, garantira les faits & assurera la gloire de votre nom.

Je suis avec un très-profond respect,

MONSEIGNEUR,

Votre très-humble, & très-obéissant serviteur,

JOLY DE MAIZEROY.

TRAITÉ

DES

ARMES DÉFENSIVES.

On croit communément que l'invention de la poudre & l'usage des armes à feu ont dû faire changer la maniere de combattre & de s'armer ; d'où l'on conclut, que c'est avec raison que l'on a abandonné toutes les armes défensives, comme un poids désormais inutile & incommode. Pour combattre ce préjugé, il est nécessaire de rapprocher les divers usages, d'examiner la nature des armes anciennes, & de les comparer aux modernes. C'est ce que je ferai, autant que

A

les bornes que je me suis prescrites pourront me le permettre.

Les armes offensives doivent être considérées comme armes de jet & comme armes de main. Les armes de jet étoient, chez les anciens, l'arc, la fronde & les javelots : celles de main étoient, la lance & la masse d'armes pour la cavalerie ; l'épée, la pique pour l'infanterie, & le *Pilum*, qui n'étoit qu'à l'usage des Romains (*a*). Nos armes de jet sont le fusil, la carabine & le pistolet, qui diffèrent peu pour l'effet de celles des anciens : comme eux nous avons encore l'épée ; & la bayonnette, jointe au fusil, est l'arme la plus redoutable qu'il y ait jamais eu, puisqu'elle réunit dans la même main les deux gentes d'offensive, qui, chez les anciens, étoient totalement séparés.

Si l'invention de la poudre étoit la

______

(*a*) Le *Pilum* avoit de longueur six pieds trois pouces, compris le fer : le soldat étoit exercé à lancer cette arme dont il se servoit aussi à la main.

seule cause qui eût fait rejetter les armures, la gendarmerie s'en seroit déchar-
gée bien plûtôt, & lorsqu'on commença
d'avoir de l'infanterie, on ne l'auroit
point obligée d'en porter, ou du moins
ne les auroit-on pas gardées plus deux
siécles après l'invention des arquebuses
& des mousquets (*a*). Il faut donc en
chercher la raison dans une autre cause,
& je ne la crois pas difficile à trouver.

Lorsque le Roi Charles VII voulut
avoir une infanterie réglée, qui étoit
composée de quinze mille francs archers,
il ordonna qu'ils seroient armés de *jaques*,
espéce de juste-au-corps composé de

(*a*) Les armes à feu, qui commencerent à
paroître sous Charles VII, firent changer quelque chose dans la maniere de s'armer. Le haubert, qui n'étoit qu'un tissu de mailles de fer,
ne pouvant résister à l'effet de l'arquebuse,
on le quitta pour prendre la cuirasse de fer
battu. Il est donc constant, que ce ne sont pas
les armes à feu qui ont dû faire quitter les défensives, puisqu'au contraire elles en ont fait
prendre de plus massives.

vingt-cinq ou trente toiles uſées, battues
& appliquées ſur un cuir de cerf. Il étoit
à l'épreuve des coups de lances & d'épée,
même des fléches ; & il eſt dit, dans
l'ordonnance de leur établiſſement, qu'on
avoit vu rarement des ſoldats tués dans
cette armure. L'infanterie qu'on eut en-
ſuite, portoit un caſque ſans crête &
ſans viſiere, appellé *ſalade* ou *cabaſſet*,
& un corcelet qui comprenoit deux
piéces, l'une pour le devant, l'autre pour
le derrière du corps. On y joignit des
braſſards & des *taſſettes* (a), compoſées de
lames de fer, jointes par des clous rivés
qui leur laiſſoient du jeu. Cette armure
ne fut guère qu'à l'épreuve du piſtolet,
en voici la raiſon. A-peu-près dans le
tems que l'on commença à former de
l'infanterie, on inventa les premieres
armes à feu portatives, qui furent des
arquebuſes d'un très-gros calibre, & fort

____

(a) Les *taſſettes* couvroient le devant des
cuiſſes ; les braſſards venoient juſqu'au coude
& s'attachoient par des courroies au corcelet.

peſantes : on étoit obligé de ſe ſervir de fourchettes pour les ajuſter (*a*). On avoit auſſi imaginé, depuis l'invention de la poudre & des gros canons, pluſieurs eſpéces de petites coulevrines qui pouvoient ſe porter & ſe remuer à la main ; les unes étoient montées ſur des affuts, & d'autres ſur des pivots : on s'en ſervoit dans la guerre de campagne, & l'on en avoit une grande quantité. Il n'y avoit pas moyen de porter à pié une défenſive qui pût leur réſiſter. On chercha ſeulement à ſe garantir des arbalétes & des traits, qui furent encore en uſage long-tems après l'invention de l'arquebuſe.

Les armes à feu étant devenues plus communes, comme on étoit dans l'habitude de s'armer de pied-en-cap, & que le fantaſſin ne pouvoit ſoutenir une armure auſſi peſante que celle des gendar-

______

(*a*) Il y en avoit déja ſous Charles VII ; mais on n'en voit bien l'uſage en France que ſous Louis XII & François I. Les Eſpagnols s'en ſont ſervis avant nous.

mes, on se contenta de la lui donner à l'épreuve du pistolet, qui fut d'abord la seule arme à feu de la cavalerie légere. Il est cependant bon d'observer, que les premiers pistolets étoient longs de trois piés, & valoient presque autant que les mousquetons qu'on a eu depuis (*a*).

Après l'arquebuse à rouet, on prit des mousquets qui étoient moins pesans, quoiqu'on se servît toujours d'une fourche pour les ajuster. Un bataillon étoit composé, partie de piquiers, partie de mousquetaires: ceux ci eurent la permission de quitter la cuirasse, soit par relâchement, ou parce qu'on crut qu'étant déstinés à combattre de plus loin, ils avoient moins besoin d'être armés; mais on obligea les piquiers de la garder, comme plus exposés à l'attaque de la cavalerie, qui venoit leur tirer ses pistolets à brûle-pourpoint. C'étoit à regret qu'ils

____

(*a*) Ils n'ont été donnés qu'après la paix des Pyrénées en 1660, & les pistolets étoient alors très-racourcis.

ſe voyoient chargés d'une armure, tandis
que les mouſquetaires en étoient déba-
raſſés. Auſſi M. de la Noue * ſe plaignoit Diſcours 13 & 14.
de ce que les François avoient toujours
eu de la peine à s'accommoder de la
pique, & que de ſon tems, c'eſt-à-dire,
ſous Charles IX & Henri III, on avoit
peine à en trouver pour ce ſervice, parce
qu'on les obligeoit de porter des cor-
celets. Cela fit qu'on crut devoir leur
donner une paye plus forte qu'aux mouſquetaires, ce qui n'empêcha pas qu'ils ne
continuaſſent à ſe dégoûter du poids de
leurs armes (a).

———————————

(a) Il y eut d'abord fort peu de mouſqetaires
dans l'infanterie Françoiſe, comme chez les
étrangers : ainſi un bataillon n'avoit beſoin d'être
armé que contre les piques & le feu de la cavalerie. Lorſque le nombre des mouſquetaires
fut augmenté, la cavalerie n'approchoit plus ſi
facilement : mais auſſi les piquiers, dans un
combat d'infanterie, ſe trouvoient très-maltrai-
tés par la mouſqueterie. Il falloit alors quitter
une partie du corcelet, pour rendre l'autre
plus ſolide : cela eut été ſenſé. On n'en fit rien;

Les guerres civiles augmenterent beaucoup le relâchement de la discipline. On
licencioit les troupes à la paix, & la guerre
recommençant aussi-tôt après, on faisoit des levées à la hâte, qu'on n'avoit ni
le tems d'exercer, ni les facultés de bien
armer. Le luxe commençoit à s'introduire,
& amenoit la mollesse avec lui. La jeunesse
quittoit le service de l'infanterie, qu'elle
trouvoit trop pénible : on ne vouloit plus
être chargé à pied du poids d'une armure.
La gendarmerie se défit aussi d'une partie
des piéces qui composoient la sienne ; &
après le régne d'Henri IV, les compagnies
d'ordonnance ayant été abolies, le peu

---

on garda par habitude une armure qui servoit
peu. A la fin on s'en apperçut, & partant toujours du même principe, en quittant les piques,
on quitta aussi le corcelet. Les piquiers avoient
été réduits au tiers en 1651. En 1679, on
n'en voulut que dix par compagnie de quarante-
cinq hommes ; & à la réforme de 1684, après le
siége de Luxembourg, le Roi n'en entretint plus
que dans trente-six régimens ; ils furent entiérement supprimés, en 1703.

qui en resta ne conserva plus que la cuirasse à l'instar de la cavalerie légere, qui
s'étoit extrêmement multipliée *(a)*. A l'é-
gard de l'infanterie, il n'étoit plus question d'armes défensives sous Louis XIII,
que pour les piquiers, qui garderent encore le corcelet. Celui- ci disparut totalement sous Louis XIV, ainsi que le ca-
basset, ou pot-en-tête, qu'on avoit déjà
quitté. V. Lostei-
nau.

La Noue, qui voyoit les progrès du
dégoût que l'on prenoit dans l'infanterie pour l'ancienne armure, & les suites

---

(a) Une ordonnance de 1651 arme la cavalerie légere d'une cuirasse, d'un pot-en-tête, &
de deux pistolets. Les Réitres portoient de plus
les tassettes & les brassards ; mais du tems de
Montécuculi ils n'avoient plus que le devant
de la cuirasse à l'épreuve du mousquet, & le
derrière, du pistolet : les autres piéces furent
jugées superflues. Les Carabins qui combattoient
à pied & à cheval, avoient une cuirasse échan-
crée à l'épaule droite pour coucher en joue
aisément, un pot-en-tête & un gantelet pour
la main de la bride.

qu'il devoit avoir, insistoit fortement sur
la nécessité de la conserver, & d'obli-
ger les officiers à donner l'exemple, en
s'armant de la pique, du casque & du
corcelet. Il citoit l'infanterie Espagnole,
comme bien mieux armée, mieux payée,
& mieux disciplinée que la nôtre. *Un*
soldat, disoit-il, *qui combat désarmé, est*
timide, & à moitié vaincu. Du Bellai-
Langei, qui écrivoit avant lui, ayant
servi sous François I, s'écrioit déja contre
l'envie qu'on témoignoit de servir par
préférence dans les arquebusiers, parce
qu'on y combattoit de plus loin, & que
l'on étoit moins armé. Il vouloit qu'à
l'exemple des Romains, ceux qui devoient
former les corps de bataille fussent armés
très-pesamment, pour les rendre plus
fermes. Il desiroit même, que ceux qui
étoient destinés pour les escarmouches,
ce qui vouloit dire les arquebusiers, eussent des armes défensives; persuadé que
ceux qui sont mal-couverts ne pensent
qu'à quitter la partie le plûtôt qu'ils peuvent.

Lorſque la diſcipline romaine dégénéra, & que les légions ſe corrompirent, elles trouverent leurs armes défenſives incommodes. L'eſprit d'indépendance & la pareſſe détruiſirent peu-à-peu les exercices militaires ; & l'infanterie, qui ne pouvoit plus ſouffrir le caſque, ni la cuiraſſe, ne les portoit que rarement. Elle obtint enfin, ſous l'Empereur Gratien, la permiſſion de les quitter tout-à-fait ; de ſorte qu'expoſés à découvert aux fléches des barbares, elle penſoit plus à fuir qu'à combattre. De-là ces grandes défaites qu'eſſuyerent les armées romaines, le ravage des provinces & la ruine de l'empire. Ce ne furent point les armes à feu qui firent quitter aux Romains leurs armures, puiſque la poudre n'a été connue que dans le quatorziéme ſiécle ; mais les vertus de ces maîtres du monde étoient flétries, le tems de leur gloire étoit paſſé, & la principale cauſe deſtructive ſe fortifioit à meſure que cette vaſte puiſſance approchoit de ſa fin.

Végece Liv. II. chap. 9.

ARTICLE II.

LES préjugés se forment de l'habitude & les hommes érigent leurs préjugés en vertus. Accoutumé de combattre à découvert, on s'est peut-être persuadé que que l'on étoit plus brave qu'autrefois. Il est bon de démontrer combien cette opinion est mal fondée. Depuis que l'on a quitté les armes défensives, presque toutes les batailles se sont décidées par le feu. On y fait rempart de son corps à la vérité ; mais aussi l'on se bat de loin, & avec quel ménagement ! on tâtonne de part & d'autre, sans oser prendre de résolution ; si à la fin, l'un des deux partis se décide d'en venir aux mains, c'est qu'il s'apperçoit de sa supériorité, & l'autre ordinairement prend aussi-tôt la fuite. Cela prouve que chacun sent sa foiblesse, & ne montre de l'audace, que lorsqu'il voit peu d'assurance dans son adversaire(a).

(a) Mallet, auteur des travaux de Mars, qui

Ce n'est pas ainsi que se battoient les anciens ; ils essuyoient l'orage des fléches, des frondes & des javélots, dont ils se

---

écrivoit en 1684 , dit quelque chose d'assez remarquable. Les mousquetaires portoient auparavant deux bandoulieres larges de quatre pouces : à celle de la droite pendoient des petits étuis pour la poudre, celle de la gauche soutenoit l'épée.,, Les baudriers & bandoulieres, ,, dit-il , avoient été donnés aux soldats pour leur ,, couvrir le corps en maniere de cuirasse dans ,, les batailles rangées , (la belle invention !) mais ,, à présent qu'elles sont moins fréquentes, & ,, qu'on ménage mieux le sang , que l'ancienne ,, témérité est ralentie, & que d'ordinaire un ,, parti est si nombreux , que l'autre n'ose tenir la ,, campagne , ces raisons ont fait décharger le ,, soldat de cet attirail embarrassant,,. N'admire t-on pas combien cette réflexion est judicieuse ? L'ancienne témérité est ralentie, à la vérité ; mais les batailles ne font pas moins fréquentes. Il s'en est donné plus de quarante en Allemagne dans la derniere guerre, terminée en 1762. Les armes défensives ne seroient donc pas moins utiles pour ces occasions, qu'elles ne l'ont été autrefois.

garantiſſoient de leur mieux avec le bouclier; ils marchoient auſſi tôt à l'ennemi
rapidement, & chacun y faiſoit preuve
de ſon courage, de ſa force & de ſon
adreſſe.

Les Romains mieux armés, mieux
diſciplinés qu'aucun des autres peuples,
avoient par-là ſur eux un avantage déci-
dé. Lorſqu'on étudia l'art militaire en
Europe, on chercha à les imiter, mais on
ne l'a jamais fait qu'imparfaitement. La
Noue diſoit déja de ſon tems : „ on ne ſe
„ bat plus à tenir mêlée, comme faiſoient
„ les Grecs & les Romains ; à préſent, le
„ premier choc décide, en emportant
„ l'un ou l'autre „.

Depuis que les combats ſe ſont réduits
à l'action du feu, on s'eſt appliqué à le
rendre le plus vif qu'on a pu, & l'on a
ſur-tout paru dans les derniers tems tour-
ner toute l'attention de ce côté. Les nations flegmatiques, plus propres que nous
à ce genre d'exercice, y réuſſiront toujours mieux ; en voulant les imiter, peut-
être met-on des entraves au genre impé-
tueux du ſoldat François. L'habitude qui

s'est formée de combattre de loin, a fait rechercher des avantages dans des armes à feu de nouvelle invention, & sur-tout dans la quantité d'artillerie de campagne. Je ne sais si cela prouve nos progrès dans l'art militaire, quoiqu'il soit vrai que nous en aions fait depuis quelque tems dans plusieurs parties, sur-tout sous le dernier ministere.

Lorsque la bonne Tactique se perdoit chez les Romains, on croyoit y suppléer par la multiplicité des armes de jet. Tant qu'elle fut dans sa force, la proportion des armés à la légere aux légionnaires étoit à-peu-près d'un quatrieme. On augmenta les gens de traits sous les Empereurs, & l'on en fit des légions entieres : Il y en avoit deux en Illyrie, chacune de six mille hommes, sous Dioclétien. Ce n'est pas que les Romains n'aient eu quelquefois raison d'en augmenter le nombre : ils devenoient plus nécessaires dans un pays couvert ou montueux, ou contre un ennemi qui ne combattoit pas de pied ferme, tel que les Espagnols, les Africains

& les Parthes. D'ailleurs il en falloit pour
les siéges, & l'on formoit aussi pour cela
une partie des légionnaires à tirer de l'arc.
Mais la plûpart de ces troupes légeres
étoient 'levées chez des alliés & dans les
pays où l'on faisoit la guerre; le fond de
l'armée étoit toujous composé sur les
mêmes proportions , & les pesamment
armés formoient le corps de bataille (*a*).
Sur le déclin de l'empire, cette distinction se perdit. Les légions, qui avoient
quitté leurs armures, ne se servoient plus
que de différentes sortes d'armes de jet.
Aussi vit-on paroître alors une multitude
de machines que l'on traînoit à la suite
des armées, & sur lesquelles on comptoit
beaucoup un jour d'action. Dans les tems
précédens, où l'art militaire florissoit, il
n'en étoit question que pour les siéges,
les attaques & défenses de retranchemens,
les passages de rivieres , & quelques

Végece
Liv. II.
chap. 3.

(*a*) Ce qui se pratiquoit chez les Romains,
l'étoit de même chez les Grecs, qui suivoient à
cet égard les mêmes principes.

occasions

occafions de cette nature. Ainfi, à mefure qu'on s'éloignoit des vrais principes, les inventions fe multiplioient ; & chez les Grecs du bas Empire, où il n'y avoit plus ni zèle, ni vertu, on croyoit réparer ce mal par tout ce que l'imagination peut fuggérer pour la deftruction de l'humanité (a).

Je fuis bien éloigné de comparer le point de fcience militaire où nous fommes, à celui de la foiblefse romaine. Cependant il eft certain qu'ils fe refsemblent à plus d'un égard. Avoir quitté les armes défenfives par les mêmes motifs, embraffé le fyftème des armes de jet pour com

____

(a) L'artillerie étoit néceffaire chez les anciens, comme elle l'eft chez les modernes ; il y a mêmes des inventions nouvelles que les circonftances peuvent rendre utiles ; mais elles doivent avoir leur bornes, & il ne faut pas trop s'y livrer. Lorfqu'on donne toute fa confiance aux machines meurtrieres, c'eft une preuve de la crainte qu'on a de combattre. Cette crainte eft l'effet de deux caufes, le défaut de difcipline, ou celui des armes.

B

battre de loin, multiplié l'artillerie & les inventions pour suppléer au défaut de l'adresse & de la valeur, enfin avoir augmenté le nombre des troupes au dépens de leur qualité.

Dans les premiers tems de la république romaine, ceux qui devoient composer les légions, étoient choisis avec un soin extrême, & l'on n'en prenoit pas moins à les former. Rome, qui ne connoissoit alors ni luxe, ni voluptés, nourrissoit dans son sein une jeunesse saine & robuste, qui se fortifioit encore par l'habitude du saut, de la course; elle alloit ensuite laver sa sueur dans le Tibre. Quels soldats ne devoit-on pas en tirer!

Les guerres civiles sont des convulsions dans un état, qui en altérent la santé & laissent après elles une sorte de langueur. Celles de Marius & de Sylla produisirent cet effet, & contribuerent beaucoup aux changemens qui se firent dans la milice. On avoit déja admis dans les pesamment armés la derniere classe du peuple (*a*), qui avant en étoit exclue ; on y reçut encore des esclaves , & on enrô- loit sans distinction tout ce qui se présen- toit. Néanmoins , comme on ne laissa pas de continuer avec soin les exercices, les Romains furent encore long-tems re- doutables , & poussèrent bien loin leurs conquêtes. Si dans le courant de leurs prospérités ils furent quelquefois battus , ce fut plûtot pour avoir négligé la disci- pline, que par d'autres causes. Les légions de Numidie furent dans ce cas, & pas- ferent sous le joug. Métellus rétablit les anciennes institutions ; elles effacèrent leur honte & vainquirent. Celles qui avoient été battues à Numance , étoient

---

(*a*) Les plus pauvres devoient servir dans les Vélites dont on ne regardoit pas la composi- tion si essentielle ; au lieu que Rome mettoit son salut dans les légionnaires, à l'abri desquels l'ar- mure légère devoit trouver un azyle. Lorsqu'on tint toujours les légions sur pied , on ne fut plus si exact, on exigeoit seulement plus de taille & plus de force dans les pesamment armés ; les autres devoient être lestes & ingambes.

énervées. Scipion l'Emilien augmenta
leurs travaux, chassa les courtisannes, les
priva de leurs bêtes de somme, & leur
fit porter dans une marche sept pieux &
du bled pour trente jours. Nous avons
vu de nos armées, où régnoient la licence
& le brigandage, abbattues & découra-
gées, reprendre vigueur par le rétablisse-
ment de la discipline & la proscription
du luxe.

Les peuples qui ont connu la discipline
militaire, tels que les Grecs & les Romains, ont toujours été persuadés que
la force des armées dépendoit bien moins
du nombre, que de la bonne constitu-
tion des troupes. Des soldats robustes,
bien armés & bien exercés, ne comptent
pas le nombre de leurs ennemis, & sup-
portent gaiement les fatigues de la guerre.
Les armées consulaires n'étoient ordinairement composées que de deux légions
romaines, & de deux des alliés. Régulus
porta la guerre en Afrique avec quinze
mille hommes; il y remporta des vic-
toires, & ne fut ensuite vaincu que

par sa faute. Lucullus, avec le même nombre, défit l'armée immense de Tigranes,
& Pompée ne mena que quatre légions
contre Mithridate. César n'en avoit que
huit pour conquérir les Gaules, & avec
vingt - trois mille hommes il disputoit
l'empire du monde à Pharsale.

Nos armées étoient aussi bien moins
nombreuses autrefois qu'elles ne le sont
aujourd'hui. Charles VIII ne mena, pour
la conquête du royaume de Naples, que
vingt-six mille hommes. Il n'en avoit que
huit mille à Fornoue, où il battit ses ennemis, trois fois plus forts que lui. Louis XII
& François I n'eurent pas non plus de
grandes armées. Ce dernier avoit formé
une bonne infanterie, qui s'étoit aguerrie:
la noblesse s'y jettoit en foule, & se faisoit gloire d'y porter la pique & l'arquebuse. Les chefs des bandes avoient soin
de n'y recevoir que des gens connus &
bien conditionnés. Il y régnoit un esprit
d'honneur & une émulation qui en faisoient une excellente école. On avoit peu

de soldats, mais ils étoient bons & bien choisis (*a*).

„Ce n'est pas le nombre, dit Végece, „qui gagne les batailles, mais la valeur „& la bonne discipline,,. Soyons toujours bien pénétrés de cette maxime, & nous chercherons moins à mettre sur pied des armées nombreuses, qu'à les composer de soldats robustes, en état de soutenir les fatigues d'une campagne. Nous

---

Chap. 3.   (*a*) Du Belai-Langei ne vouloit pas qu'on enrôlât des hommes au-dessous de 17 ans, ni au-dessus de 55, l'un étant trop foible, l'autre trop difficile à former. M. de Montécuculi dit, „qu'il ne faut pas engager des gens de la lie du „peuple & au hasard ; qu'il faut les choisir, „sains & robustes, endurcis aux travaux & aux „arts pénibles, qu'ils ne soient ni fainéans, ni „débauchés ,,. Chez les Athéniens on n'enrôloit les jeunes gens qu'à dix-huit ans ; on les formoit pendant deux ans aux exercices, après quoi on recevoit leur serment, & on les envoyoit à l'armée. On pouvoit compter sur de pareils soldats, & ne pas craindre qu'ils trouvassent leurs armes trop pesantes.

n'y traînerons plus, comme autrefois, une
jeunesse foible qui pouvoit à peine porter
son fusil, & qui, sortant du sein du repos,
passoit sans préparatifs à une vie dure
& pénible où elle succomboit : perte irré-
parable pour l'état, & qui le dépeuploit,
sans fruit, d'un grand nombre de citoyens.
C'est à la sagesse de ce ministere que nous
devons les mesures prises à la derniere
paix, pour éviter de pareils inconvéniens.
Rien de plus avantageux que d'avoir des
dépôts de recrues d'où l'on tire les meilleurs hommes, tandis que les autres con-
tinuent à se former dans une école tran-
quille.

Les guerres civiles du seiziéme siécle
corrompirent la bonne composition des
troupes, introduisirent la licence & l'in-
discipline. Henri IV la rétablit autant qu'il
put, & dans le dessein où il étoit d'abais-
ser la maison d'Autriche, il s'appliqua à
former un bon corps de troupes. Ce n'étoit
cependant qu'avec quarante mille hommes qu'il se proposoit d'attaquer cette
puissance formidable. Le régne de Louis

XIII, & le commencement de celui de Louis XIV, ne nous montrent que de petites armées sous de grands Généraux ; mais l'ambition de ce dernier allarma les puissances de l'Europe. Elles firent les plus grands efforts pour l'accabler ; il en fit de plus grands encore pour leur résister : époque de la multiplication des troupes, & de l'usage des grandes armées. On ne considéra plus la force, ni les qualités du soldat ; on ne pensoit qu'à compléter : & pour recruter cette multitude, tout paroissoit bon à enrôler ; aussi quel composition & quel brigandage ! Pendant la guerre pour la succession d'Espagne, qui dura depuis 1701 jusqu'en 1713, les capitaines se débauchoient les hommes les uns aux autres. Les meilleurs & les plus robustes étoient des vagabonds & des déserteurs : le reste étoit des gens traînés par force, enlevés dans les campagnes & sur les grands chemins, de jeunes gens sans vigueur, entraînés par le libertinage, souvent arrachés par supercherie du sein de leur famille. A de pareils sol-

dats on n'imaginoit guères de donner des
armures, ni de les former de maniere à
ne pas craindre de joindre leur ennemi
corps à corps. Il leur falloit un genre de
combat proportionné à leur foiblesse ; &
à l'insuffisance de la discipline, la tirail-
lerie, où il faut peu d'ordre, où la force
& le courage perdent leur avantage, où
enfin le plus chétif soldat peut se mesu-
rer avec le meilleur, & tuer un Milon ou
un César.

On a vu les causes qui avoient fait quitter aux Romains leurs armures ; on apperçoit de même celles qui nous les ont fait
négliger : on voit que, sans avoir rien
perdu de la valeur, qui est toujours la même, nous lui avons mis des entraves ;
nous lui avons ôté les moyens d'agir, en
nous éloignant de la bonne discipline, &
des vrais principes de la science des armes.

ARTICLE III.

On peut considérer deux sortes de puissances dans l'homme. Les puissances mo-

rales & les puissances physiques. Les premieres sont l'honneur, l'émulation, l'a-
mour de la gloire & celui de la patrie.
L'esprit patriotique peut ne pas avoir la
même impulsion dans toute sorte de gou-
vernement ; mais par-tout l'honneur &
l'émulation sont excités par le desir de
l'estime public, l'espoir des récompenses
& la honte du châtiment. Les puissances
physiques sont la force & l'adresse. La
réunion de ces deux mobiles, l'un physi-
que, l'autre moral, compose le premier
principe de la science militaire, dont l'objet est de déterminer le courage à entreprendre. Je parlerai dans son lieu du mo-
bile moral : il est plus question ici du phy-
sique, la force, l'adresse & la confiance ;
qualités préalablement nécessaires au soldat. Son courage est nul, s'il n'en est aidé,
& n'est même jamais qu'en raison donnée
des secours qu'il en reçoit (a). Il est donc

(a) Il y a une différence entre le courage &
la bravoure. Celle-ci est une fermeté de l'ame
qui envisage le péril de sang froid, en écarte

important de savoir les développer & de connoître tout l'avantage qu'on peut en tirer. C'est ce qu'on doit appeller le méchanisme : il comprenoit chez les anciens deux parties, l'attaque & la défense ; c'est-à-dire, l'usage des armes offensives & des défensives.

On choisissoit le soldat Romain dans un âge au-dessus de la puberté*, robuste, bien fait, la tête élevée, la jambe droite & nerveuse, la taille dégagée, & haute au moins de cinq pieds deux à trois pouces de notre mesure. On l'exerçoit d'a-

*A 17 ans au plû-tôt.

----

l'idée pour laisser à l'esprit toute sa liberté. C'est aussi une chaleur du sang, nourrie par l'éducation, par le desir de l'honneur, rectifiée par le jugement & tempérée par l'expérience. Le courage est le sentiment de ses propres forces, la confiance dans son adresse & la bonté des armes. C'est un espoir de vaincre, qui donne à l'ame de la vigueur : c'est encore une constance dans les travaux & une résignation à la peine. Le courage est essentiellement la vertu du soldat, elle convient aussi à l'officier, qui doit avoir encore la bravoure.

bord au pas militaire ; on le formoit à la course, au saut, à franchir des fossés, à passer des rivieres & des torrens à la nage. On le livroit ensuite à un maître d'exercice qui le faisoit escrimer contre un pieu haut de six pieds. Il apprenoit à se poster pour attaquer l'ennemi avec l'épée, lui porter des coups au visage, le prendre en flanc, lui couper les jarrets, avancer & reculer, parer les coups, & porter les siens, sans se découvrir : raison pour laquelle ils préféroient l'usage de la pointe & méprisoient les coups de taille, qui sont rarement mortels. On l'exerçoit encore à lancer le javelot de pié ferme, en courant, & à bien assurer son coup. On l'apprenoit à se couvrir du bouclier, à l'opposer aux traits, à en faire la tortue. On les formoit ensuite à manœuvrer ensemble, & aux évolutions. La cavalerie étoit formée avec le même soin ; & pendant ces exercices, ils étoient couverts du casque, de la cuirasse, & se servoient d'armes beaucoup plus pesantes que celles avec lesquelles ils devoient combattre.

On les menoit trois fois le mois à la pro-
menade (*a*) ; ils faisoient dix milles en
marchant un pas réglé, qu'ils accéléroient
quelquefois, gardant leurs rangs, & dans
toute sorte de terrein. On les accoutumoit encore à tous les travaux nécessaires
à la guerre. En s'instruisant, ils s'endurcissoient & se préparoient à soutenir les
plus grandes fatigues. Aussi ne voyoit-on
pas les armées Romaines se fondre par les
maladies, & périr comme les nôtres, sans
combattre. Avec de tels hommes on pouvoit tout entreprendre, & se flatter du succès. Chaque soldat, mieux armé & mieux
aguerri que son ennemi, comptoit toujours sur lui-même. Il n'avoit pas plus de
courage naturel que les autres peuples ;

Végece
Liv. II.
chap. 4.

(*a*) Cet usage, que nous venons de prendre,
est une partie des plus importantes de la discipline. Il peut dispenser de changer si souvent
les troupes de garnison : il leur en couteroit
moins, ainsi qu'au Roi. Elles resteroient aussi
plus long-tems sous les mêmes commandans
& les mêmes inspecteurs ; ce qui est un grand
avantage.

mais il les méprisoit, parce qu'il étoit
rempli du sentiment de son adresse & de
ses propres forces. Les nations, que les
Romains attaquerent, leur étoient la plûpart supérieures par le nombre, la hauteur de la taille, & la force du corps.
Qu'eussent-ils fait s'ils n'avoient pas eu
l'avantage des armes? Le Parthe & l'Afri-
cain, accoutumés à fuir & revenir à la
charge, l'auroient accablé de leurs traits,
s'ils n'avoient su s'en garantir. Ce n'est ni
la multitude, ni un courage aveugle, qui
président à la guerre ; mais la qualité des
armes, la discipline & l'ordonnance. An-
nibal sentit que pour vaincre, il devoit
armer une partie de son infanterie à la
romaine ; il le fit & l'événement justifia
ses réfléxions. Faisons donc aussi celles
qui nous conviennent ; remontons à la
source des principes ; reprenons l'armure
défensive ; accoutumons-nous y comme
les Romains, par des exercices, & nous
pourrons nous flatter des mêmes succès.

C'est une erreur de croire que notre
monde soit different du leur, & que la

poudre ait dû changer la face de la guerre.
Le changement vient du luxe & de la mollesse. L'opinion de la violence des armes à
feu s'est accrue par notre penchant. On a
été bien aise d'avoir un prétexte pour se
défaire d'un attirail qui paroissoit pesant &
incommode ; on s'est habitué à penser que
désormais la force n'avoit pas besoin de
seconder la valeur, & l'on a cru qu'elle
étoit inutile dans un genre de combat où
le plus robuste n'a aucun avantage sur le
plus foible.

Au lieu de s'appliquer à former des soldats qui tirassent d'eux-mêmes leur assurance, on s'est rejetté du côté du nombre,
& chaque particulier n'a plus de confiance
que dans la multitude. L'égalité même
effraie quelquefois. Pour se rassurer, on
hérisse une armée de bouches à feu, &
l'on compte pour beaucoup de multiplier
la vîtesse de leurs coups : ressources de la
foiblesse & de la timidité. Les troupes
fondent si bien là-dessus leur espérance,
qu'à l'approche d'un combat elles sont
tremblantes, si le canon de l'ennemi se fait

entendre avant le leur , & la terreur ne se
dissipe que lorsqu'elles entendent tonner
leur artillerie.

Je dois convenir que l'on a raison de
ne pas laisser à l'ennemi trop d'avantages ,
en ne l'imitant pas ; & que de deux armées
qui se battent en lignes minces, sans penser à s'aborder, celle qui a le plus de bouches à feu , & dont la mousqueterie est
la mieux servie, doit prendre la supériorité.
Mais si l'une des deux, vive & impétueuse,
est formée en corps courts & assez pro-
fonds, pour réunir la force à la légéreté,
elle pensera bien-tôt à joindre l'ennemi,
& lui enlevera tout l'avantage de son feu.
Les Impériaux ont pensé les premiers à se
fortifier de cette quantité d'artillerie. Ils
ont eu raison , parce qu'ils ont conclu d'a-
près le génie des peuples avec lesquels ils
ont ordinairement la guerre, les François
& les Turcs. Ils doivent craindre leur impétuosité , & chercher de les réduire à
combattre de loin. Ils n'y ont que trop
souvent réussi avec nous. Pour ce qui est
des Turcs, le canon, ni les chevaux de frise,

ne

ne les empêchent pas d'approcher: heureusement que leur discipline n'est pas assez
bonne pour seconder leur ardeur.

Il faut donc convenir que le mécanisme de
la guerre n'est pas encore porté à un degré
bien éminent de perfection des réglemens,
d'ordre & de police, & des exercices foibles
ne suffisent pas. Si l'art a gagné dans quelques points, d'autres sont demeurés dans
l'engourdissement. Les talens des généraux sont arrêtés, & les grandes parties
de la Tactique bornées à l'usage. Mais ce-
ci n'est l'effet que de certains préjugés
dont on peut connoître les causes, &
qu'il est aisé de détruire, dans un tems
où l'on a ouvert les yeux sur toutes les
parties de l'administration politique &
militaire.

Supposé, dira-t-on, que l'on veuille ab-
jurer ces erreurs, comment s'accoutumer à
porter un jour entier la cuirasse? comment
se remuer avec cette armure, marcher,
franchir des fossés, gravir des montagnes?
comment faire supporter cette gêne à l'officier, & y assujettir le soldat? Rien de plus

aisé, par la voie de la discipline (a). En les
portant dans les exercices & dans les marches, le poids & l'usage deviendront fami-
liers. Des punitions sévéres contre tout
officier qui s'en dispenseroit, l'obligeront
de montrer l'exemple. Il faut attacher un
point d'honneur à leur conservation, à
l'exemple des anciens, retrancher sur-tout
cet esprit de luxe, cet amour des aises qui
nous corrompent & nous efféminent,
rendre la mollesse & l'oisiveté honteuses,
au lieu de la gloire qu'on veut en tirer.
Ce sont les moyens de vaincre de fausses
opinions & un préjugé destructeur.

Nous avons les mêmes forces que les
Romains, il ne s'agit que d'en faire comme eux une juste distribution. Comme

---

(a) Les anciens étoient si bien dans l'habitude de s'accoutumer à porter leurs armes défensives, que les soldats avoient des danses qu'ils
exécutoient armés, comme s'ils eussent été au
combat. On peut voir dans le liv. VI de la retraite des dix mille, comme les barbares étoient
étonnés de voir les Grecs sauter armés de toutes
piéces.

eux, nous sommes capables des mêmes
choses ; elles ne nous effraient que parce
que l'habitude en est perdue. Au reste, je ne
pense point qu'il faille charger les fantassins d'un poids qui les accable. Le casque,
tel que je le dirai dans la suite, avec un
plastron à l'épreuve, est tout ce qui seroit
nécessaire.

La demi cuirasse la plus forte pese envi-
ron quinze livres ; mais en ne donnant au
plastron que treize pouces de hauteur, sur
douze de large, non compris les montans
des épaules, il ne peseroit pas plus de dix
livres. Il y auroit une échancrure à l'épaule
droite, afin de bien coucher en joue. Un
soldat seroit bien peu nerveux s'il ne pouvoit s'en charger, sur tout lorsqu'on don-
nera des chevaux pour porter les tentes,
& que l'on fera mettre les sacs en colpor-
teur, en n'y souffrant que le nécessaire (a).
Il seroit encore possible de trouver les

(a) Cette maxime a été prise d'abord par
quelques regimens, & ordonnée ensuite par le
Ministre, qui l'a approuvée.

moyens de faire une cuirasse moins pesante : j'en ai éprouvé de différentes ma-
tieres que l'on ne tenteroit pas en vain de
perfectionner.

M. le Maréchal de Saxe, qui n'a pas pensé
à donner de cuirasse au fantassin , veut
qu'il ait un grand bouclier. Je respecte sa
mémoire & ses idées ; mais qu'il me soit
permis de ne pas être de son avis. Sa targe
de cuir (a) bouilli seroit bien plus pesante
que le plastron, & ne seroit point à l'épreuve ; d'ailleurs, l'usage du fusil ne sympatise
point avec cet arme : aussi s'en est-on dé-
fait à mesure que les armes à feu ont pré-
valu. Les anciens avoient besoin d'un bouclier pour se garantir des traits , & l'usage
des piques, la maniere de lancer le javelot
convenoient avec cette armure qui se portoit au bras gauche. M. de Montécuculi
vouloit en avoir, parce-qu'on se servoit
encore de piques de son tems, & que la

____

(a) Il convient qu'elle ne peut servir que de
pied ferme, & qu'il en faut joindre deux pour
résister aux coups de fusil.

bayonnette n'étoit pas connue. Il met dans son ordonnance un rang de Rondaches à la tête de son bataillon, qu'il range de cette maniere : 480 piquiers à six de hauteur, un rang de mousquetaires devant, couvert par celui des rondaches, le reste de la mousqueterie sur les flancs : disposition très-belle à voir, mais difficile à garder, pour peu que le terrein soit inégal.

On ne manque pas d'autorités en faveur des boucliers ; mais elles ne peuvent conclure que dans la supposition que l'on voudroit reprendre les armes anciennes, ou les mêler avec les modernes. Le Prince Maurice les trouvoit utiles contre les piques ; le Duc de Rohan *, étoit du même avis. Du Belai, dans son ordonnance, qu'il compose de différentes armes, piques pertuisannes, arquebusiers & archers, donnoit une rondelle aux piquiers seulement. On voit que si l'on vouloit des boucliers, c'étoit à cause de l'usage des piques, & contre les fléches. Cette défensive ne paroissoit pas compatible avec l'arme de jet.

* Dans son traité de la guerre.

Les archers des Romains ne portoient que
le casque & la cuirasse. Ceux dont nous
nous servions autrefois, n'avoient point
de boucliers, la preuve s'en tire des réglemens qui furent faits pour leur armement.
Les Anglois, qui ont conservé l'arc & l'ar-
balète jusque sous le régne d'Elisabeth,
ne paroissent pas non plus s'en être servis.
Les Flamans en ont eu néanmoins ; mais
les Suisses, qui ont ramené l'usage de la
pique, n'en ont pas fait grand cas non
plus que les Lansquenets.

Les boucliers, dont les chevaliers se sont
servis dans les tournois, & sur lesquels ils
mettoient leurs armoiries, étoient de bois
couvert de cuir bouilli, pour résister à
la lance. Ceux de l'infanterie, appellés
targes ou *pavois*, étoient très-grands. Il y
en avoit encore au siége de St. Jean d'An-
géli en 1621. Louis XIII, qui les trouvoit
utiles dans les attaques & les assauts, avoit
dessein d'en donner un certain nombre
par compagnie. Il est sûr que cette armure serviroit utilement dans certaines
occasions, comme après l'attaque d'un

ouvrage ou d'un chemin couvert, où l'on reste exposé au feu de la place , jusqu'à ce que le logement soit fait ; ou bien si l'on devoit attaquer un poste dont les environs seroient découverts , & que l'on voulût placer de la mousqueterie pour favoriser ceux qui devroient l'insulter. Mais il suffit pour cela d'en avoir au parc d'artillerie , & d'apprendre aux soldats, dans les simulacres de guerre , la maniere de s'en servir. Les montagnards Génois ont des mantelets portatifs de liége , qu'ils posent devant eux , soutenus par une fourchette. Il y a une embrassure où ils passent le fusil ; lorsqu'ils ont tiré ils l'enlevent avec le canon qu'ils mettent sur l'épaule ; le mantelet se trouve derrière & les couvre dans la retraite. Ils sont légers, mais ils ne résisteroient pas à un coup de fusil tiré de près. Sans augmenter beaucoup leur pesanteur, il y auroit moyen de les rendre plus solides.

On se servoit autrefois , dans les siéges, de grands boucliers appellés *taillevas*, pour couvrir les archers qui tiroient sur les affiégés. Ils étoient portés par des gens qui n'avoient d'autre fonction que de les foutenir. Toute efpéce de mantelet peut nous convenir dans bien des cas, mais jamais en pleine bataille. Ne penfons point à charger le foldat d'une chofe, dont l'embarras peut furpaffer l'utilité;peut être même, que ce préfervatif ne ferviroit qu'à le rendre timide, en lui donnant l'idée d'une trop grande circonfpection. Cela nuiroit à l'efprit d'audace qu'il faut lui infpirer & cadreroit mal à nôtre fyf- tème. Cette raifon porta autrefois Alexan- dre à ne laiffer que la demi-cuiraffe à fes foldats. L'opinion tient lieu aux hommes de réalité. Si on les mene nuds au combat, leur courage diminue ; fi on leur couvre les parties les plus effentielles du corps & les fources de la vie, ils croient être garantis par tout, & c'en eft affez.

Rien n'étoit plus mal entendu, que lorfqu'on couvrit de fer un gendarme des piés jufqu'à la tête : il n'avoit pas plus d'audace que s'il n'eut porté que le cafque & la fimple cuiraffe, & il en périſſoit bien d'avantage. Celui qui étoit abattu, ne pouvoit plus ſe relever ; il étoit pris, foulé aux piés des chevaux, ou aſſommé. Les chanfreins *, garde-poitrails, garde-flancs, compoſés de cuir bördés de lames de fer, étoient bien plus cenſés. Le cheval eſt la ſauve-garde du cavalier, & il ſeroit peut-être à ſouhaiter, que l'on reprît quelques-unes de ces piéces les plus utiles. Je ne puis aſſez m'étonner que M. le Maréchal de Saxe n'y ait point penſé, lui qui arme ſon cavalier de pié-en-cap, & d'une armure qui n'eſt qu'à l'épreuve de l'arme blanche.

* Maſque qui couvroit la tête du cheval.

Il eſt certain que le feu de l'infanterie fera toujours beaucoup de mal à la cavalerie, quand il ſera bien ménagé. L'armure du Maréchal ne pourroit donc garantir un eſcadron d'être ruiné à la premiere charge. On voit qu'il n'a penſé qu'au combat de cavalerie, & non de cavalerie à infanterie. Cette derniere idée lui eſt échappée ; c'eſt cependant ce qui arrive très-ſouvent.

A R T I C L E I V.

LA guerre est un des maux attachés à la condition humaine. Les malheurs qu'elle entraîne sont infinis : mais l'art & la discipline peuvent les diminuer. Le guerrier doit exposer gaiement sa vie : c'est à ceux qui l'employent d'en ménager le sang. La victoire est toujours trop chere, quand elle coûte des hommes que l'on pouvoit épargner, sur-tout s'ils sont des meilleurs & de l'élite des troupes. Nos grenadiers sont déstinés à faire la tête de toutes les attaques, les périls se répétent pour eux à chaque instant ; on en perd une infinité, & des compagnies entieres sont détruites, sans qu'on y fasse la moindre attention. Ces hommes choisis, braves & vigoureux, doivent sans doute être préférés pour les coups de main & les entreprises hardies ; mais en tire-t-on le parti que l'on devroit, & que l'on pourroit, s'ils avoient des armes défensives : on les méne périr à une palissade,

& l'on est repoussé. S'ils étoient cuirassés, ils auroient le tems de la couper ou de l'arracher. Je l'ai déja dit, & je ne crains pas de le répéter, dès que l'arme défensive est supprimée, il n'y a plus d'avantage pour la force, & très-peu pour la valeur. David tua Goliath avec la fronde; cent pigmées, derrière un retranchement, peuvent tuer autant de géans qu'il s'en présentéra. Que l'on donne des cuirasses à ceux-ci, ils briseront, renverseront les obstacles, & écraseront tous les pigmées.

Dans le tems que la gendarmerie étoit le seul corps de réputation, on prenoit, pour le service à pié, des troupes d'avanturiers, braves à la vérité, mais gens de sac & de corde, mal vêtus, mal armés, & sans discipline *. On les jettoit à la tête des assauts, & la gendarmerie à pié suivoit. On prodiguoit un sang que l'on n'estimoit pas, & dont on étoit souvent bien aise de se purger. Il n'en est pas de même de nos grenadiers, c'est ce que nous avons de plus précieux : la gloire & le point d'honneur mettent à leur tête

* On les nommoit Ribauds & Routiers.

les plus anciens officiers, on devroit donc penser un peu plus à leur conservation.

Le point d'équilibre est difficile à garder, & l'on donne presque toujours dans les extrêmes. Il fut un tems, que l'on se cuirassoit de la tête aux pieds : on est à présent nud, comme les Sauvages. Les premiers François, ainsi que les peuples du Nord, n'avoient pour arme défensive, qu'un méchant bouclier de bois ou d'osier couvert de cuir. Après leur entrée dans les Gaules, ils prirent quelques usages des Romains. Les Gaulois servoient très-bien à cheval ; cela leur donna envie d'avoir de la cavalerie ; ils prirent aussi des casques & des cuirasses. Cependant la plus grande partie n'en avoit pas encore du tems de Charles-Martel, ce qui manqua de les faire battre à Tours par les Sarrasins, qui portoient des cottes rembourrées de coton (*a*). Ils les imiterent,

---

(*a*) Si les Sarrasins ont été, comme on le croit, les inventeurs des tournois, ils ont dû avoir les premiers les armures qui y étoient propres. Celle

& prirent encore la chemise de mailles.
On se couvroit les cuisses & les jambes,
on se fit aussi une capeline ou armement
de tête. Toutes ces piéces, jointes ensemble
rendoient invulnérable.

L'armure des chevaliers fut le gam-
beson ou cotte rembourrée ; la cotte de
mailles doubles, autrement dite, le haubert, qui couvroit bras, cuisses, jambes;
le heaume, grand casque complet, avec la
mentonniere & la visiere ; il descendoit
fort bas & se joignoit au haubert par un
coletin. Quelques-uns portoient de plus
une plaque de fer sur la poitrine. Tout
cela étoit destiné contre l'effort de la

___

de pié - en - cap a toujours été fort usitée en
Asie pour la cavalerie. Les Médes étoient couverts de fer ; il y avoit en Perse des corps armés de mailles de fer & d'un écu. Les chevaux
étoient aussi bordés de mailles ou de lames de
fer. Les Parthes ont eu des gendarmes couverts
de cuirasses complettes. Les Arabes, sortis de
l'Asie, ont dû en prendre les usages; répandus
en Afrique, de-là en Espagne, ils les y ont ap-
portés.

lance ; les fleches & les traits ne pouvoient
le percer. L'archer & l'arbalétrier avoient
aussi de ces pourpoints rembourrés appli-
qués sur un cuir de cerf ; quelquefois ils
étoient renforcés par de minces lames de
fer entre la doublure & l'étoffe. On y joignoit des manches de maille, des gantelets,
un chaperon & gorgerin aussi de mailles de
fer. Néanmoins, comme l'infanterie étoit
fournie par les communes (*a*), elle n'étoit
pas toute aussi bien armée ; c'est pourquoi
l'on n'en faisoit pas grand cas. Il y avoit
aussi de la cavalerie légere ; celle-ci ne portoit que le chapeau de fer ou casque sans
visiere, & n'avoit pas le haubert non plus
que les archers & autres qui marchoient
à la suite des bannerets.

On commença, vers le régne de Phili-
pe-le-Bel (*b*), à se servir d'armures de fer
battu : cependant on ne quitta entiere-

____

(*a*) Milice fournie par les villes, bourgs &
villages. On commença de s'en servir sous
Philippe I.

(*b*) Le Gendre dit que ce fut vers l'an 1300.

ment le haubert que sous Charles VII.
Ce furent les armes à feu, dont on commençoit à se servir, qui produisirent ce
changement. Le gendarme se couvrit de
la téte aux piés, comme il étoit auparavant, avec le haubert; car on ne vouloit
laisser aucun endroit du corps à nud. Cela
faisoit dire à M. de la Noue „ qu'en voulant
„ rendre les harnois plus massifs, ils avoient
„ tellement passé mesures, qu'ils s'étoient
„ chargés d'enclumes, au lieu de se cou-
„ vrir d'armures „. Aussi se débarasserent-
ils dans la suite de plusieurs piéces. Sous
Henri III, ils n'avoient plus les couvre-
cuisses, ni les brassards; ils avoient seulement conservé la cuirasse, des gantelets
& une salade (a). Les fantassins avoient
pris le *halecret*, cuirasse de lames de fer,
mises en forme d'écailles, auxquelles
étoient jointes des tassettes qui descen-

____

(a) Les armes offensives ont été la lance, la
masse d'armes, l'épée & un poignard. On commença à quitter la lance sous Henri III, & après
Henri IV, il n'en fut plus question.

doient jufqu'aux genoux, & des avant-bras. D'autres portoient une chemife ou galête de mailles avec les manches; l'armure de tête étoit un petit cafque ap-pellé *cabaſſet*. M. du Belai dit, qu'ils étoient ainfi armés de fon tems, c'eft à dire fous François I. Il faut qu'il ne trouvoit pas leur armure fuffifante, puifqu'il propofoit d'y ajoûter des jambieres & des gantelets. c'étoit tomber dans le même défaut que la Noue reprochoit aux gendarmes. On ne fuivit pas fon fyftème, le relâchement y avoit mis bon ordre. On ne porta plus que le fimple corcelet, & ce fut la feule armure qui refta jufqu'à la fin.

Nos ancêtres fe faifoient autrefois au-tant d'honneur de porter leurs armures, que nous en voulons tirer de n'en avoir point du tout. Les officiers s'armoient auffi différemment, felon les occafions. Dans une bataille rangée, ils devoient avoir des armes complettes; favoir, la cuiraffe, le cafque, trois lames de braffards & trois de taffettes, à l'épreuve du piftolet, avec une pique de Bifcaie; mais pour un affaut,

une

une attaque de retranchement, une esca-
lade, ils se couvroient seulement d'une
chemise de mailles, d'une rondelle (*a*), &
mettoient l'épée à la main. M. de Montluc
étoit armé de cette maniere au siége de
Boulogne, où il reçut deux coups de fléches dans sa rondelle. M. de Sulli, encore
jeune, fut renversé dans le fossé, à l'assaut
de Ville-Franche en Périgord, par le choc
des piques & des hallebardes. Il eut été
percé & tué sans ses armes. Quel homme
la France n'auroit-elle pas perdu! & combien, depuis un siécle, n'auroit-elle pas
conservé de ses plus braves officiers, qui
eussent été un jour dignes des premiers
grades, si l'on avoit eu l'usage des armes
défensives qui nous conviennent! Ce n'est

____

(*a*) Petit bouclier de 24 à 30 pouces de dia-
mètre; il a servi aux lanciers sous le nom d'écu.
Il y en avoit de ronds & d'ovales. On voit
encore en Allemagne des vestiges de l'ancienne
armure; savoir, des casques & des chaînes de
mailles aux bras. Les Gendarmes Polonois po-
tent le casque & la cuirasse; & les Pancernes
des cottes de mailles.

D

pas que j'imagine de reprendre tout l'ancien attirail. Je me borne, comme je l'ai dit, au simple plastron ; je ne vois pas ce qui empêcheroit que les officiers n'y joignissent des manches de mailles, sur-tout dans les cas d'assauts & d'attaques de postes, où l'on est exposé aux coups de l'arme blanche, quand ils sont bien défendus. Ils devroient avoir aussi de bonnes épées, avec un pistolet à la ceinture : cela vaut bien mieux, dans ces occasions, qu'un sponton, qui n'est d'aucune utilité.

Il est enjoint aux brigadiers & officiers majors, d'être cuirassés un jour d'affaire, parce qu'ils sont à cheval, & que l'on n'a pas cru qu'il fût possible de porter aucune défensive à pié ; mais ceux-là même, n'y étant point habitués, ne peuvent le supporter. Quelques-uns, par vaine gloire, ne veulent point s'en charger, ou craignent de donner lieu à la raillerie. En effet, il semble qu'on doive être un peu honteux de se couvrir, tandis que ses camarades ne le font point. La mode fait la loi, & dès que le plus grand nombre n'est point armé, on paroît plus brave de combattre à nud. Tel est la force du préjugé. C'est être hardi de le contrarier, & je m'expose peut-être moi-même au ridicule ; mais je veux bien en courir les risques, si la patrie & l'humanité peuvent tirer quelqu'avantage de mes réfléxions.

Je n'examine point si l'amour des richesses, le luxe & l'intempérance, en amollissant nos corps, n'ont point énervé la vigueur de l'ame ; si nous avons toujours le même zéle pour la patrie, la même ardeur pour la gloire : cette discussion appartient à la politique, & je veux éviter de conclure. Je me persuade que nous avons encore la même bravoure, mais non pas la même audace. Cela est dans la nature. Celui qui est armé a bien plus de confiance en lui-même, que celui qui est entiérement découvert : la moindre arme défensive lui cache plus de la moitié du danger. Avec le même fond de valeur, nous n'avons pas les mêmes moyens de l'employer qu'autrefois. Rien n'étoit alors impossible à la force & au courage réunis.   D ij

Alexandre, qui se trouva lui troisiéme dans la ville des Oxydraques, eut péri des premiers coups qui lui furent portés, si son armure & son bouclier ne l'eussent garanti.

Henri IV se trouva de même, avec quinze cavaliers, enfermé dans la ville d'Auch en Gascogne. La herse ayant été abattue, il fut d'abord attaqué par cinquante hommes, qui disoient : *tirez au panache blanc, c'est le Roi de Navarre.* Pressé de toutes parts par la foule, il s'adossa à un portail où il tint ferme jusqu'à ce que ses gens, ayant forcé la porte, le secoururent. Une autre fois, avec vingt gendarmes, il arrêta, à la tête du pont d'Aumale, la cavalerie du Duc de Parme, & fit ensuite sa retraite.

Le Chevalier Bayard, avec un seul écuyer, arrêta les Espagnols sur le pont du Garillan, & donna le tems au secours d'arriver. La lance au poing, il renversa d'abord quatre hommes d'armes dont deux tomberent dans l'eau. Les Espagnols irrités l'attaquerent avec fureur ; mais il

les foutint tous l'epée à la main, s'accula
à la barriere du pont pour les empecher
de la gagner, & leur donna, dit l'histo-
rien, tant de befogne, qu'ils croyoient
avoir affaire à un diable.

On peut fe rappeller chez les anciens
l'action d'Horatius - Coclès qui défendit
de même le pont du Tibre, & quantité
d'autres femblables, fans compter les
occafions où un petit nombre de foldats ont bravé la multitude & en ont
fouvent triomphé. Ces événemens nous
paroiffent fabuleux ; mais le merveilleux
difparoit, fi l'on confidére l'impreffion de
la difcipline & la maniere dont on étoit
armé. La nudité préfente ôte à la valeur
les moyens les plus beaux de s'immorta-
lifer ; elle nous interdit des actions où l'in-
trépidité, la force même ne fuffifent pas,
fi elles ne font fecondées par la nature
des armes. On fe défend courageufement
dans un pofte comme une maifon, un
retranchement, un défilé ; mais quel homme imiteroit Bayard à la défenfe du pont
du Garillan ! Quelques coups de fufil tirés

de loin l'auroient bien-tôt atterré. On
peut juger que bien des entreprises, qui
paroîtroient à présent téméraires, n'auroient été autrefois que hardies. Reprenons des armes défensives, & nos témé-
rités ne seront plus que des hardiesses.

ARTICLE V.

J'AI ouï dire quelquefois, que les batailles
étoient beaucoup plus sanglantes ancien-
nement qu'elles ne le sont aujourd-hui :
d'où l'on conclut que les armes défensives
sont inutiles, puisqu'elles ne diminuent
point la perte des hommes. Je réponds,
que ce qui rendoit les combats meur-
triers, c'est qu'on s'approchoit, & que
l'on se mêloit. D'ailleurs, le fort du carnage n'étoit pas dans le combat, mais
dans la déroute. Lorsqu'une armée étoit
rompue quelque part, le parti qui plioit
n'avoit pas le tems de faire retraite, &
la perte devoit être grande : les armés à
la légere ne donnoient point de relâche.
Telles étoient les batailles entre les Romains & les Samnites, ou les Carthaginois,

& entre les nations Grecques. Mais si l'on considère celles qui se donnoient entre des nations inégalement armées, c'étoit bien autre chose: lorsque le parti le plus nombreux succomboit, le carnage étoit affreux, & la terre couverte de morts; c'est pourquoi on en voit un si grand nombre dans les batailles des Romains contre les Cimbres & les Gaulois, & entre les Grecs & les Perses. Celles-ci étoient toujours décisives. On ne voit de ces affaires douteuses, où les deux partis s'attribuent la victoire, que lorsque la guerre se fait entre des peuples également disciplinés, & qui ont à-peu près la même maniere de combattre. L'histoire moderne en fournit plus d'exemples que celle des anciens, parce que les Européans different peu dans leur Tactique, & qu'ils ont tous le même degré de science militaire.

Une raison qui pouvoit encore contribuer autrefois à rendre les défaites sanglantes, c'est que les armées ayant peu d'étendue & beaucoup de profondeur, elles s'abordoient ordinairement sur tout leur front, & le combat étoit général. Il est bien rare que la même chose arrive à présent, soit par la grande étendue des lignes, ou à cause de l'usage où l'on est de se fusiller & de se cannoner pendant des heures entieres. Malgré cela, on peut citer des occasions où l'on s'est battu avec acharnement, & où il s'est fait de très-grandes pertes. Des ruisseaux de sang ont coulé à Séneff, à Malplaquet, à Zorendorf. En Italie, Parme, Luzara & Cassano ont vu la terre inondée de sang par une mousqueterie des plus animée : dira-t-on que les armes défensives n'y eussent servi de rien ; & si l'on se fut approché, n'auroient-elles pas encore été plus utiles ? Je conviens qu'elles ne garantissent pas celui qui fuit d'une mort honteuse : aussi n'est-ce pas là leur destination. Elles ne doivent couvrir que les braves, dont le sang est précieux, & c'est à eux seuls que je pense. Quand on n'en sauveroit qu'un petit nombre, ce seroit beaucoup gagner.

Mais ce n'est pas dans les combats en plaine, que se font toujours les plus gran-

des pertes? Les attaques de poſtes, de retranchemens, les aſſauts, s'ils ſont bien
ſoutenus, ſont quelquefois des bouche-
ries. Il eſt certain que nous y perdons
plus que les anciens, & l'on ne peut
nier que leurs armes, & les précautions
qu'ils prenoient, ne leur ſerviſſent (*a*).
Le Maréchal de Saxe a dit, que la nation
étoit plus propre aux affaires de poſtes,
qu'à aucune autre. M. de Folard dit, que
nous perdons plus en détail dans un long
ſiége, que l'on ne feroit dans une attaque
de vive force. L'un & l'autre ont penſé
que le génie du François le portoit à l'attaque, & qu'il falloit ouvrir une carriere
à ſon ardeur (*b*). Alors on ne niera pas l'u-

(*a*) L'attaque des retranchemens d'Exilles, en
1747, ſi meurtriere, l'eſcalade de Munſter, auroient peut-être réuſſi, ſi nous avions été armés
défenſivement. Des officiers & des ſoldars ont
monté à la Siette juſque ſur le parapet. S'il n'a-
voient pas été tués ſur le champ, il euſſent été
ſuivis, & l'ennemi intimidé abandonnoit le retranchement.

(*b*) „C'eſt tems perdu, dit Montluc, de s'amu-

tilité des armes défensives, & l'on sera
forcé de convenir qu'en augmentant la
confiance du soldat, elles ajoûteront un
nouveau degré d'impétuosité à son courage. Si l'on prend ce parti, les autres
nations nous imiteront : objection qu'ont
toujours prévu ceux qui ont voulu pro-
poser quelque chose d'utile. Il n'est pas
sûr qu'elles nous imitent dabord, & l'on
profitera des premiers avantages. Lorfqu'elles l'auront fait, il nous en restera
encore assez.

Puisque le caractere national porte le
François à l'attaque, il cherchera à réduire
la guerre en affaire de postes, & les batailles, à l'arme blanche ; il voudra abréger
la longueur des sièges, & convertir, quand
il sera possible, la lenteur de leurs opéra-

„ser à ces escopéteries, il faut se joindre „. Et en
parlant de l'invention de l'arquebuse : „ Maudit
„ soit l'instrument qui fait périr tant de braves
„ gens, de la main souvent des plus lâches, qui
„ n'oseroient regarder au visage celui qu'ils ren-
„ versent de loin de leurs bales.

tions en infulte. Dans tous ces cas, l'armure défenfive doit lui fervir plus utilement qu'à fon ennemi; parce que l'atta-
quant eft long-tems expofé aux coups,
avant que l'autre, qui l'attend de pié
ferme, ou à couvert, foit dans le cas d'en
recevoir. Le premier veut bien les eſſuyer
quelque tems, afin de porter les fiens de
plus près & avec plus de fruit. Les nations, qui n'ont pas la même vivacité, ne
doivent pas en retirer autant d'avantages.
Une de nos voifines, rivale de gloire &
de commerce, porte dans les fiéges une circonfpection & une lenteur dont elle ne fe
défera peut-être jamais : brave, genereufe,
& fiere à l'excès, elle méprife fes ennemis,
mais fi l'on a l'audace de l'attaquer, fon
courage s'étonne, & elle n'a plus la force de
fe défendre. Les autres qui nous environ-
nent font plus fobres, plus économes, plus
robuftes, plus patientes que nous, mais plus
froides & plus pefantes, conféquemment
moins propres à l'offenfive. La nature des
armes ne changera point leur tempéram-
ment, & celui-ci influera toujours fur la
maniere de combattre.

Si les Gaulois avoient eu le casque, la cuirasse & le bouclier des Romains, avec la même épée, il est probable, que, ni les sentimens patriotiques, ni peut-être la supériorité de l'ordonnance ne les eussent sauvés. Il eut fallu céder au nombre, à la force du corps, & à la violence du choc (a). Heureusement pour Rome, que ses ennemis ne s'aviserent jamais de réfléchir

---

(a) Les Gaulois méprisoient quelquefois si fort les armes défensives, qu'à la bataille de Telamon ils avoient quitté leur sayes pour être tout-à-fait nuds. Malgré leurs mauvaises armes, les Romains les regardoient comme l'ennemi le plus dangereux. Les Francs n'étoient pas mieux armés quand ils entrerent dans les Gaules ; mais ils avoient le même feu, la même impétuosité que les Gaulois, & les Romains n'avoient plus ni armures, ni discipline. Ils les battirent à Soissons, avec leurs francisques : c'étoit une hache d'armes à deux tranchans, avec un manche très-court. Ils la lançoient avec beaucoup d'adresse, & mettoient l'épée à la main. Ils avoient encore une dague ou poignard. Ils prirent dans la suite la fronde, l'arc, le javelot & la lance.

fur la caufe de leurs défaites. Si depuis
François I, notre infanterie eut valu celle
des Efpagnols, malgré les qualités des armes, la fortune n'eut point été balancée :
il fallut de longues guerres pour les rapprocher, & la gloire de ces derniers s'é-
clipfa enfin devant le bonheur & le génie
du grand Condé.

Les préjugés ne manquent jamais de
raifons fpécieufes pour fe défendre, &
lorfqu'on veut les combattre, on voit
renaître les objections, comme les têtes
de l'hidre. Je ne doute pas qu'on ne m'en
faffe plufieurs, dont la plûpart ne font
pas affez importantes pour les prévenir.
Je dirai feulement, fur l'objet de la dépenfe,
que lorfqu'on y a trop d'égard dans une
inftitution militaire, on ne doit pas s'attendre d'avoir rien de bon. Le vice qu'une
mauvaife économie y laiffe, croît comme
une gangrene, & les abus multipliés s'en-
chaînent les uns aux autres. Le premier
achat des cuiraffes pour l'infanterie ne
feroit pas un objet bien confidérable, &
l'entretien ne coûteroit qu'en tems de

guerre. Il ne seroit question que d'un léger dédommagement à chaque capitaine, qu'on peut intéresser à conserver ses cuirasses, comme les habits, les fusils & autres effets de sa compagnie. Ceux qui regardent la dépense comme un obstacle à cet établissement, font tort à la générosité & à la sagesse du Prince & de ses Ministres, qu'une raison aussi foible n'arrêteroit point, s'ils étoient d'ailleurs bien persuadés de son utilité & de ses avantages.

Le grand obstacle est la mollesse, l'habitude des aisances trop recherchées, qui font rejetter tout ce qui paroît un peu gênant & incommode. Cependant ces gens si délicats ne devroient-ils pas rougir de ne pouvoir supporter la moindre partie de ce que des femmes, sexe naturellement si foible, ont autrefois porté? Sans avoir recours à l'antiquité, la nation me fourniroit assez d'exemples d'héroïnes qui ont combattu chargées de la pesanteur d'une armure entiere. Cependant, malgré notre délicatesse &

l'attrait des délices qui nous subjuguent, nous sommes encore capables de ce que l'on voudra. Les classes, d'où l'on doit tirer le soldat, n'ont rien perdu de leurs forces; & cette noblesse, éloignée du luxe de la capitale, animée par l'honneur, sera toujours une ressource sûre pour l'état. Elle se pliera sans murmure aux loix de la discipline, & voudra imiter ses ancêtres. C'est dans cet ordre que doit se conserver le germe des vertus guerrieres, germe que l'attrait des richesses & le monstre de la cupidité n'ont que trop corrompu.

J'ai toujours remarqué, que le soldat murmure moins que l'officier, parce qu'il est plus endurci & plus fait à la peine. Je ne doute pas qu'on ne puisse en attendre beaucoup de constance avec des officiers qui lui en montreront l'exemple. Cette vertu doit être regardée comme la base de la discipline, elle s'inspire encore plus qu'elle n'est dans le caractere. Chez une nation, à qui elle est moins naturelle, elle s'établit par l'ordre & de bons réglemens; elle se fortifie par l'imitation. L'inférieur a honte de se plaindre, quand se le supérieur ne dit mot. Cet esprit est un objet des plus importans ; il influe sur la maniere de penser dans tous les cas, & tient souvent lieu de loix militaires. Celles des Grecs & des Romains étoient très-severes contre celui qui abandonnoit son poste ou ses armes. A Athénes, on habilloit le lâche en femme, & on l'exposoit à la risée du peuple : à Sparte, il étoit vêtu d'une robe déchirée ; chacun pouvoir le souffletter, & lui jetter de la boue au visage : affronts mille fois pires que la mort. Chez les Germains & les Francs, celui qui avoit perdu son bouclier, étoit déclaré infame, exclu des sacrifices & des fêtes ; il se pendoit souvent de désespoir pour terminer sa honte. Les traits de lâcheté ont toujours été livrés aux marques du dernier mépris, mais il semble qu'on soit devenu plus indulgent, depuis que l'on voit des gens, qui autrefois n'auroient pas osé se montrer, lever la tête avec orgueil, & la société leur marquer de la considération à proportion de leur train.

CONCLUSION.

CONCLUSION.

En parcourant les tems où l'on s'est servi d'armes défensives, celles qui ont été d'usages en divers lieux, & les changemens qui y sont survenus, on s'apperçoit que l'on n'a pas su garder à cet égard de justes proportions. Les uns, pour vouloir trop se couvrir, se sont chargés d'armures au point de ne pouvoir se remuer. C'est ce qui fut cause, à la bataille d'Issus, de la défaite d'une partie de la cavalerie des Perses par la Thessalienne, armée moins pesamment. Lorsqu'on prit en Europe les armes défensives, on tomba insensiblement dans le même défaut, & les chevaliers se piquerent de ne laisser aucune partie du corps découverte. On n'étoit guère plus raisonnable pour l'infanterie, qui malgré cela ne fut jamais généralement bien armée. Les pourpoints rembourrés & les cottes de mailles pouvoient résister aux fléches & à l'arme blanche. Quand les armes à feu firent prendre le fer battu, on

Arrian.

E

voulut être tout aussi couvert, ce qui étoit peu sensé. Le corcelet & les piéces adhérentes n'étoient qu'à l'épreuve du pistolet: cette armure n'étoit pas moins pesante & l'on se rebutoit de la porter. L'on s'en dégouta bien davantage, quand la mousqueterie se multiplia. Il étoit tout simple de rejetter une partie & de renforcer l'autre. On n'y pensa pas, & l'on garda encore long-tems par habitude une arme qui devenoit tous les jours plus inutile, sans se résoudre, ni à la quitter tout-à-fait, ni à la rendre meilleure. Du Bellai, la Noue, qui voyoient le relâchement, crioient & ne trouvoient pas le reméde. Ils vouloient que l'on conservât l'armure entiere, ce qui étoit impossible. Ils citoient les Romains, & jamais ceux-ci, dans la fleur de leur milice, ne furent armés ainsi. Ils s'en rapportoient à Végece, qui avoit confondu les tems de la légion & ses usages avec ceux des Grecs, & même des barbares.

Les armes défensives nuisent plus qu'elles ne servent, lorsqu'elles passent une certaine

mesure. Il faut pouvoir les porter aisément
& sans embarras. Les Perses, les Arméniens,
avoient une grosse cavalerie toute bar-
dée de fer, qui ne fut pas moins défaite
par les Grecs & par les Romains. Combien de fois la gendarmerie n'a-t-elle pas
été embarrassée du poids de ses armes, &
eû souvent du pire par cette raison. La
Noue n'a pû s'empêcher d'en convenir.

Si c'est un défaut à la cavalerie d'être
trop armée, à plus forte raison à l'infanterie, qui doit marcher & se mouvoir
aisément. Il eut été bien simple de réduire toute l'armure au casque & au plastron ; mais on étoit accoutumé de voir
des gens emboîtés, & l'on n'imaginoit
pas qu'une bonne défensive pût être autrement.

Les armes défensives, que Végece donne aux Romains, sont en partie les mêmes que les Grecs, paroissent avoir eues
(*a*). Ils portoient des casques & les deux

(*a*) Selon cet auteur, les armes défensives
du légionnaire étoient une cuirasse complette

piéces de la cuiraſſe. Celles-ci ont été
la plûpart de lames de fer coupées en
écailles, ou des chemiſes de mailles. Les
Athéniens en prirent de lin, comme plus
légeres : ce fut Iphicrate, le dernier général de réputation qu'ils eurent, qui les
leur donna avec le petit bouclier. Les
autres Grecs, tels que les Lacédémoniens
& les Thébains, garderent la cuiraſſe de
fer & le grand bouclier. Philopœmen, qui
vouloit armer peſamment les Achéens,
leur fit prendre encore d'autres piéces
de l'armure. Les Grecs n'eurent point ſur
cet article un principe fixe comme les
Romains. Ceux-ci s'en tinrent conſtam-
ment au caſque ouvert & au plaſtron*,
avec une lame de fer à la jambe droite.
Ils jugerent que les autres piéces devoient
être plus embarraſſantes qu'utiles. Aucun
peuple n'a donc mieux ſu connoître la
juſte proportion d'une bonne défenſive,
& ſi jamais on eſt tenté d'en reprendre l'u-
ſage, c'eſt le ſeul exemple qui ſoit à imiter.

* Polybe
liv. VI.
chap. 4.

---

avec les greves & les taſſettes. M. du Bélai en
parle de même, & cite mal-à-propos Polybe.

DE LA COEFFURE

LA coëffure, qui est à présent en usage, est de toutes la moins convenable au soldat. La qualité du chapeau est mauvaise, la forme incommode & tout-à-fait ridicule. Les trois cornes sont autant de réservoirs pour la pluie. Il est embarassant à l'exercice pour le maniment des armes, le fusil l'accroche & le fait tomber. Pour éviter cet inconvénient, on le porte à présent petit & panché sur l'oreille droite à la maniere Prussienne. Malgré cela, je ne connois point de coëffure moins propre à un homme de guerre. Je ne suis pas plus partisan des bonnets hauts & pointus des Anglois & des grenadiers Hessois, encore moins de ces grands bonnets de peau d'ours, que nous avons pris des Autrichens; ils sont fort incommodes & ne servent que d'un vain épouventail. Cet usage vient des barbares, qui croyoient par là se rendre plus terribles & effrayer leurs ennemis (*a*).

______

(*a*) Parmi les Germains, les uns relevoient

La vraie coëffure militaire est le casque, que les Grecs & les Romains ont porté. Il étoit de fer & se mettoit au moment du combat. Pendant la marche, le fantassin le portoit dans un étui de cuir. Il étoit orné d'un panache de plumes rouges ou noires, ce qui donnoit au soldat un air formidable. La maniere dont se fait à présent la guerre & la délicatesse moderne répugnent trop à l'usage d'une pareille armure. Les casques entiers de fer, comme on les portoit autrefois, ne nous conviennent plus, jusqu'à ce que d'autres méthodes dans l'art militaire en ramenent peut-être un jour la mode. Il suffiroit à présent qu'ils fussent de cuir bouilli avec des lames de fer. Ils garanti-

leurs cheveux sur la tête, & les hérissoient d'une maniere horrible ; d'autres y mettoient des peaux de bêtes tuées à la chasse, dont la tête leur formoit une coëffure effrayante. Plutarque dit, que les Cimbres & les Teutons portoient de ces sortes d'ajustemens, surmontés de haut pana-naches, pour se montrer plus grands & plus terribles.

roient des coups perdus & mal chargés,
qui ne sont pas en petit nombre ; ils pare-
roient des pierres dans une tranchée, du
coup de sabre, & de tous ceux que l'on
peut recevoir sur la tête en escaladant un
mur ou un retranchement. Le cavalier
auroit bien meilleure mine qu'avec son
feutre *. On peut en juger par ceux que
l'ont a déja donnés aux dragons ; & je suis
persuadé que le Ministre, attentif sur tous
ces détails, en fera prendre aussi à la cavalerie. Les commandans & capitaines
peuvent se distinguer par la crête de leurs
casques, comme les centurions Romains.

Une autre sorte de coëffure excellente
pour l'infanterie, & la meilleure après
le casque, sont des pokalems ou bonnets
de cuir, avec un retroussis qui se rabat
sus le cou. Ils sont très - commodes &
durent long-tems.

On me fera peut - être, à l'égard des
casques, la même objection que pour les
cuirasses ; la pesanteur & l'incommodité.
J'y réponds en deux mots, habitude, &
exercice. Je ne cite point l'exemple des an-

* On portoit ci-devant les chapeaux très-grands.

ciens. Le vulgaire peu inftruit fe perfuade
qu'ils étoient d'autres hommes que nous,
plus vigoureux , plus robuftes. Cela eft
vrai, fi l'on attribue le principe de leur
force à la maniere de vivre & aux genres
d'exercices , non pas à la nature : elle n'a
pas fi fort dégénéré que le prétendent
certains phyficiens. Les Tartares d'aujour-
d'hui valent bien les Gêtes & les Scythes.
Les Turcs & les Perfes, qui habitent les
contrées qui obéïffoient à Darius, ne le
cédent point en force , ni en courage à
leurs anciens habitans, au contraire. L'Europe feroit-elle la feule partie de la terre
où la nature fe feroit affoiblie. Si l'on croit
y voir des changemens, il faut les attribuer
à des caufes morales. Les ufages, les mœurs
la politique , altérent le génie, mais ne
corrompent point généralement le phyfi-
que: lorfqu'elles y influent, le mal n'eft
point incurable , & le reméde peut fe
trouver dans le retranchement où la cor-
rection des caufes. Si l'on jugeoit du degré
de force naturelle dans une nation, par
les armes qu'elle a portées, la difference

seroit grande de nos ancêtres à nous. On
est étonné comment nos braves chevaliers & gendarmes demeuroient à cheval
un jour entier armés de pied-en-cap , sans
se soulager autrement,qu'en relevant pendant quelques instans , la visiere de leur
heaume. On l'est encore plus de les voir
mettre pied à terre , & combattre ainsi
dans une bataille ou dans un assaut. L'habitude leur rendoit ce fardeau léger, ainsi
que l'opinion *(a)*. Néanmoins , il y avoit
peu de sagesse de se charger de fer avec
autant d'excès. C'étoit bien mal juger de
la nature des armes défensives & de leurs

(a) Les tournois, qui étoient des images de
la guerre , leur servoient de jeux & d'amusemens.
En les frequentant, ils s'habituoient à la pesanteur de leurs armes , se formoient aux combats
& s'endurcissoient. La pesanteur des anciennes
épées & des masses darmes ne doit pas nous sur-
prendre. On accoutumoit la jeunesse , dès l'en-
fance, à remuer & porter à la main des poids
très-pesans. Par-là leurs bras acquéroient de la
force. Ogier le Danois & Roland n'étoient que
des hommes comme il s'en trouveroit encore.

objets, encore moins de leur effet. Aussi ne doit-on pas s'attacher à ces exemples; mais on peut citer celui de toute la cavalerie légere, qui a porté le pot en tête & la cuirasse jusque bien après la paix des Pyrénées *, ainsi que les piquiers de l'infanterie : ceux-mêmes du régiment des Gardes-Suisses les conserverent jusqu'au retranchement des piques en 1703, & les Gardes-Françoises avoient encore des casques en 1680, sous le nom de bourguignottes.

*On peut voir une ordonnance de 1691 à ce sujet.

DE LA CHAUSSURE.

LA chaussure militaire du fantassin, n'est pas moins défectueuse que sa coëffure. Elle comprend plusieurs piéces & ligatures, qui demandent beaucoup de tems pour se mettre, & sont très-gênantes pour la marche; les jarretieres coupent les jarrets & arrêtent la circulation du sang, ainsi que les boutons de la guêtre, qui doit être juste & serrée pour bien marquer la jambe. Les soldats, pour se soulager dans les marches, sont dans l'usage de les déboutonner. Et j'en ai vu qui, après avoir dormi dans une grand‑garde, ne pouvoient se remuer tant ils avoient les jambes engourdies. M. le Maréchal de Saxe a vu tous ces inconvéniens : il a tâché de les corriger , en supprimant les jarretieres ; mais il conserve la guêtre qui, de cuir ou de toile , a les mêmes défauts. La culotte de peau, lorsqu'elle est mouillée, est très‑long‑tems à sécher. Comment n'a‑t‑il pas pensé aussi que si le soldat se sert de galoches dans son quartier, ce n'est qu'autant qu'il l'habite ; il ne pourroit s'en servir en marche , sur‑tout étant accoutumé de porter un escarpin pour le tems sec. Il lui faut une chaussure fixe, dont il puisse se servir en tous tems & en toute occasion. Celle des Hongrois m'a toujours paru la plus sensée & la plus commode ; il ne seroit question que de la rendre propre à l'infanterie.

Le fantassin pourroit donc avoir un pantalon qui descendroit jusqu'à la cheville du pié , & seroit fendu depuis le dessus du genoux jusqu'en bas. Il se fermeroit avec des petits boutons jusque dessous le gras de la jambe, & de-là en bas, avec un lacet, en laissant une patte par-dessous. On lui donneroit un chausson de veau, dont le dedans se graisseroit, pour être chaussé à cru avec un brodequin qui monteroit assez haut pour embrasser la jambiere du pantalon. Le soldat seroit ainsi débarrassé de tout ce qui le gêne & intercepte le mouvement. Il auroit toujours le pié sec, parce que l'eau pénétreroit moins dans le brodequin, que dans le soulier, & qu'il auroit une paire de chaussons de rechange. S'il arrive mouillé au camp, il mettra un caleçon de toile & fera sécher sa culotte.

Les anciens n'étoient pas si difficiles à chausser que nous, parce qu'ils alloient les jambes nues. Comme nous voulons les avoir couvertes, il faut des bas ou des guêtres & des jarretieres qui composent un attirail fort incommode. Les bas sur-tout, qui se pourissent dans les pieds, font venir des ampoules & blessent le soldat.

Le fantassin Romain portoit des demi-

bottines , & il avoit celle de la jambe
droite , armée d'une lame de fer parce Végece
Liv. I.
chap. 2.
que dans le combat il la portoit en avant,
lorsqu'il se battoit l'épée à la main. Quelques auteurs ont cru qu'il n'avoit qu'une
botte à la jambe droite , sans doute parce
qu'il n'est parlé que de celle-là qui fut armée. C'est une grande erreur. Les bottines
étoient une chaussure militaire , que les
Grecs ont portée comme les Romains, Tactique
d'Arrian.
& la même qui étoit d'un usage général
dans les premiers tems de Rome. Elles
étoient de cuir, & montoient jusqu'au
milieux de la jambe. On les appelloit
perones. La chaussure de ville, faite de peau
molle & apprêtée, étoit plus basse, souvent
ce n'étoit qu'une espéce de pantoufle. Horace
Epître I.
Polybe, qui ne parle point de la lame
défensive , dit seulement que les soldats
portoient des bottines ; mais on voit par
le sens de Servius - Tullius, qu'une partie
de ceux qui étoient destinés pour l'infanterie , avoient des jambieres d'airain.
Arma his imperata , galea , clypeum , ocreæ ,
lorica , omnia ex ære. Il paroît que ceux-là

devoient avoir alors les deux jambes armées. C'étoient les citoyens inscrits dans
les deux premieres classes: ceux de la troisiéme ne portoient point de jambieres,
sans doute que, dans la suite, lorsqu'ils
furent exercés à porter la jambe droite
en avant, on se contenta de leur laisser à
celle-ci une lame de fer ou d'airain. Ils
firent aussi cette bottine plus haute que
l'autre, qui n'étoit qu'une espéce de brodequin. Les Germains se servoient d'une
chaussure assez semblable, faite de peau
de taisson.

La cavalerie Grecque & la Romaine
portoient aussi des bottines de cuir, mais
beaucoup plus élevées que celles de l'infanterie. Elles étoient de même collées à
la jambe, mais sans lames défensives. Ce
n'étoient donc pas des bottes comme certain traducteurs l'ont rendu, ce qui pré-
sente une idée toute différente.

F I N.

AVERTISSEMENT.

Ce Traité a été séparé d'un manuscrit intitulé *Essais Militaires*, pour l'impression duquel l'Auteur a eu une permission.

APPROBATION.

J'ai lu, par ordre de Monseigneur le Vice-Chancelier, un ouvrage intitulé, *Essais Militaires*; il m'a paru composé par un officier intelligent, & qui a su faire des recherches dont les militaires peuvent faire un très-bon usage. Fait à Paris, ce 15 Fevrier, 1765.

MONTCARVILLE, *Lecteur du Roi.*

9 782329 264301